Mit den besten Wünschen zum 50er!
Petra und Hans

Die schönste Landschaft der Welt

Wien im Mai 2017

Evelyn Schlag
Lois Lammerhuber

Die schönste Landschaft der Welt

Edition Lammerhuber
Visual Poetry

**Ich widme dieses Buch
meiner Mutter
Hedwig Lammerhuber
zu ihrem 95. Geburtstag.**

Lois Lammerhuber

DIE SCHÖNSTE LANDSCHAFT DER WELT. Geboren wurde ich in St. Peter in der Au. Geholfen hat eine Hebamme. Zu Hause. Damals Markt 116. Das Haus war mit Schotter und Sand aus der nahen Url gebaut. Als ich schon laufen konnte, wurde es ständig irgendwie weiter verbessert. Der Geruch von gelöschtem Kalk ist mir noch gut in der Nase. Vielleicht auch, weil die Eltern sagten, es sei gefährlich, wenn man beim Kalklöschen zu nahe steht. Und wir waren ja brave Kinder, mein Bruder und ich. Zumindest, wenn Oma und Opa oder die Eltern dabei waren.

Anfang der 1950er-Jahre. Wir waren einfache Leute. Briefträger mein Vater. Hausfrau meine Mutter. Großvater war Schneider. Die russischen Besatzungssoldaten brachten ihre Kleidung zum Flicken. Große graue Männer. Der Garten war ein Acker, der uns ernährte. Ein nahes Waldstück, das Burgholz, war meine erste zu entdeckende Welt. Indianerspielen. Mit nichts als Phantasie und selbst gebasteltem Pfeil und Bogen. Und dann mitten im Wald – ein faustgroßer, glitzernder Stein. Ein Schatz – für uns. Ein Leckstein für das Wild, wie wir bald lernten. Den haben wir Kinder aufgeschleckt. Natürlich langsam, damit es keiner merkt. Seither mag ich Salz.

Irgendwann sagte der Lehrer zu meiner Mutter, der Bub sollte ins Gymnasium gehen. In der Volksschule hatte ich immer „römische Einser". Das Gymnasium war ein Furcht einflößender Ort. Stift Seitenstetten. Riesengroß. Ich war einer der wenigen Externisten. Also einer „von da". Die anderen Kinder kamen von überall her und wohnten im Konvikt oder im Seminar. Mit 14 musste ich in die Oberstufe des Realgymnasiums in Amstetten wechseln. Der Grund war Englisch statt Altgriechisch. Meine Eltern meinten, das wäre g'scheiter.

Der Schulweg war immer derselbe – drei Kilometer lang. Meine Vermessung der Welt. Von zu Hause nach Seitenstetten sind es drei Kilometer, von zu Hause zum Bahnhof ebenso und auch vom Bahnhof nach Seitenstetten. So kann ich mir die Welt vorstellen. Ich habe, ohne jetzt nachzuzählen, wahrscheinlich 120 Länder bereist und in den meisten davon als Fotojournalist gearbeitet. In manchen war ich x-mal. Seit 1976 reise ich, seit 1983 beruflich. Seit einiger Zeit habe ich das Gefühl, ich würde weniger unterwegs sein. Aber das Gefühl täuscht. Heuer und heute, am 15. September, sitze ich zum 44. Mal im Flugzeug. Von Chicago zurück nach Wien. Da ist es acht Stunden und 40 Minuten lang ruhig. Ich schreibe wie eines meiner Vorbilder, der Magnum-Fotograf Ernst Haas, gerne im Flugzeug. Und unten spult sich meine Welt in Drei-Kilometer-Einheiten ab. Ich mag das. Es gibt mir Sicherheit zu wissen, wie weit ich reise.

Die Pubertät war bis auf das tägliche Training im Schwimmverein in Steyr quälend. Das Olympialimit blieb trotz meines irren Ehrgeizes — wie mein Trainer meinte — nur ein Phantom am Träumehorizont. Mein erster Kuss mit einem Mädchen, das Zigaretten rauchte, schmeckte grausig. Was mich beschäftigte war, wie hole ich aus meinem Leben das meiste heraus. Ich entschloss mich, durch wenig Schlaf mein Leben zu verlängern. Drei oder vier Stunden am Tag, so entschied ich, müssen genügen. Wenn andere acht Stunden schlafen, dann gewinne ich pro Tag vier Stunden, mal 365 Tage, mal 50 Jahre, immerhin 73 000 Stunden oder 3 041 Tage — bis jetzt.

Mit 18 Jahren habe ich maturiert, und an meinem Geburtstag bin ich aus der Kirche ausgetreten. Nichts wie weg aus St. Peter in der Au. Ich vermisse nichts, schon gar nicht die Sonntagswanderungen auf den Stocker Kogel oder gar zum Kürnberg. Obwohl beim Plattenwirt Schafkäse und Kracherl warteten. Nein, das war nicht meins. Zu klein, zu eng, zu brav. Am allerwenigsten vermisste ich die Landschaft. Ich war und bin verrückt nach Leben. Also Wien, dann bald New York und Bangkok. Sparen und lernen, um zu reisen. Und dann endlich die Panamericana befahren. Von Alaska nach Feuerland. Traumstraße der Welt. Zwei ganze Jahre lang. Und dabei das erste Mal fotografieren.

Durch viele Zufälle bin ich geworden, was ich bin — Fotojournalist mit Leib und Seele. Das war 1983 und ging zuerst in Wien und dann in München ziemlich fulminant los. Zwei Jahre später hörte ich bei der Zeitschrift GEO vom damaligen Chefredakteur Rolf Winter den Satz: „Sie haben ja ein gewisses Talent, aber das haben viele. Wenn Sie einmal eine gute Idee haben, dann dürfen Sie sich melden." Gut, ich fürchte, ich habe die Redaktion mit „einer guten Idee pro Woche" so lange genervt, bis sie meine erste Geschichte über ein WHO-Pilotprojekt mit einem Curandero namens Julius Caesar in Ecuador akzeptierte. Dann folgte die Geschichte über Don Sergio Enrique Espinoza Estrella, der auf einem Bergsattel in den Anden, zu dem gar keine Straße führte, das Auto noch einmal erfunden hat — und zwar hundert Jahre nach der Erfindung des Automobils. Schließlich brachte mich der damalige Textchef von GEO Emanuel Eckhard mit dem österreichischen Autor Christoph Ransmayr zusammen: „Wir haben so wenige Themen mit Österreich-Bezug, denkt euch was aus …"

Herausgekommen ist eine, wie ich heute weiß, legendäre Geschichte über das Mostviertel, „Die vergorene Heimat", 30 Seiten lang. Als Christoph das Layout nach dem Schreiben der Bildlegenden weiter zu mir schickte, notierte er auf der ersten Seite: „Dreißig Seiten nur Fotos. Scheiße! Dein Christoph". Dabei ist sein Text einer der schönsten aus den 33 Jahren, in denen ich mit vielen exzellenten Autoren arbeiten durfte. Er beginnt so: „Wenn der vernichtende Lauf der Zeit ihn schwermütig oder hilflos zornig werden ließ, stieg der Bäckermeister und Konditor Karl Piaty oft zu einer der neun Dachkammern seines Hauses empor und triumphierte dort über die Vergänglichkeit: Auch wenn draußen August war und die Luft über den Sattel- und Walmdächern seiner Heimatstadt Waidhofen an der Ybbs in der Mittagshitze zu flimmern begann, konnte es der Konditor hinter herabgelassenen Jalousien doch schon Herbst werden lassen und Winter …, stapften Holzarbeiter durch den Schnee. (…) Lichtbild um Lichtbild schob der Konditor an solchen Tagen vor die Linse eines Diaprojektors, ließ blühende oder kahle Landschaften an der Wand erscheinen (…)"

Diese Geschichte war typischer GEO-Stoff: Eine niederösterreichische Kulturlandschaft, geprägt durch Birnbäume so groß wie Kastanien, deren Früchte zu Most vergoren ein alkoholisches, aber basisches Getränk ergeben. Damals hatten meine Frau Silvia, eine gebürtige Mostviertlerin, die heute die Edition Lammerhuber führt, und ich für ein paar Jahre einen Vierkanter in Wegleiten bei Oed gepachtet. Vor Ort zu sein würde das Arbeiten erleichtern, könnte man meinen. Meine erste Ausfahrt währte allerdings gerade vier Kilometer, dann ist mir im Morgengrauen ein Reh ins Auto gelaufen. Und so in etwa ging es weiter. Ich habe mir unheimlich schwer getan, in einer Gegend, die ich seit Kindesbeinen eigentlich gedankenlos benutzte, das Besondere zu erkennen. Nicht selten fragte ich mich, wieso tust du dir das an? In meiner Not habe ich mich an eines meiner Fotografie-Credos gehalten, dass ein Bild ohne Menschen kein Foto ist, und habe meine Bilderzählung zuerst nur über Personen visualisiert. Aber natürlich musste ich auch die Landschaft ins Bild bringen.

Was tun? Wohin fahren? Wo beginnen und warum dort? Irgendwann hat sich in mein Orientierungsvakuum die Kindheit eingeschlichen, und das Aphrodisiakum der Erinnerungen hat das Mostviertel mit Yukon und Alaska verbunden. Mein Vater war die Urlaubsantithese zu Lignano, also ein begeisterter Bergsteiger. Wagrein und Heiligenblut, Prusikknoten, abseilen und so weiter. Und dazwischen wandern. Da die Kaiserin-Elisabeth-Warte am Kürnberg zum Verwaltungsbereich der Alpenvereinssektion St. Peter in der Au gehört, war mir der Weg dorthin bestens bekannt. Ein visueller Ausgangspunkt. Von dort weiter Richtung Osten, schön oben auf den sanften Bergkuppen, zwischen Donauebene links und Kalkalpen rechts, vor mir immer wieder der Ötscher und etwas näher der Sonntagberg. Eine ausgewiesene Route gibt es nicht. Nur Güterwege, die ich ohne Plan intuitiv verknüpft habe. Einspurig und verkehrsarm bis heute. Warum genau so und nicht anders? Keine Ahnung. Aber es hat mir zu gefallen begonnen. Inversionswetterlagen im Frühling und Herbst. Unten Nebel, Sonne oben. Irre Stimmungen. Nichts stört, merkte ich. Stift Seitenstetten? Egal. Da und dort ein Kirchturm? Egal. Die Bauernhöfe sind einfach da. Gehören hinein in dieses Grün, das manchmal ein Gelb sein will. Löwenzahn in Millionen. Yukon und Alaska? Ja! Nur dort kenne ich eine ähnlich verlaufende Straße. Von Dawson City nach Inuvik. Bis ans Wasser der Beaufortsee am Nordende des Kontinents. Mit amerikanischem Sinn für das Besondere gelabelt: Top of the World Highway.

Meine Mutter, eine gebürtige Mühlviertlerin, liebt diese Gegend „hinter unserem Haus". Sie hat sie sich zu Fuß ergangen. Zuerst mit meinem Vater, später mit ihrem Hund Chico. Jedes Jahr zu Weihnachten, am Nachmittag des 25. Dezember, fahren wir „über die Berge". So reden wir über diese gewisse Strecke. Eine Weihnachtsfahrt nur für uns und ohne Fotoapparat. Jahrelang. Die GEO-Geschichte ist lange her. 1989. Irgendwann, ich glaube 2010, gab es dann den wahnsinnigsten Raureif, den man sich vorstellen mag. Eisnadeln zentimeterlang. Und dazu Sonne. Ab dem nächsten Jahr hatte ich meine Kamera dabei. So ist allmählich diese Bildersammlung und die Erkenntnis gewachsen, dass es die schönste Landschaft der Welt objektiv gibt. Wirklich gibt. Ich habe vielvielviel gesehen von der Welt. Und es ist überall irgendwie schön, sehr oft spektakulär schön. Aber dieses Besondere macht mir und den Besuchern dieser Landschaften auch emotional zu schaffen. Ein Matterhorn verführt dazu, genau dorthin zu fahren, zuerst nach Zermatt, dann zum Gornergrat, und so weiter. Das heißt, es geht viel mehr ums Ankommen denn um das Wahrnehmen und Verinnerlichen einer Landschaft. Diese Landschaften „passen nicht in mich hinein". Das habe ich hundertfach erlebt. Ob in der Wunderwelt Yellowstone oder in der Serengeti, im Hubschrauber über Neuseeland oder auf Bora Bora.

Weich, mild, sinnlich, ein unendlich weiter Landschaftspark vor der ersten Heumahd, eine geometrische Augenweide im Winter und während der Blüte von vielleicht 200 000 Mostbirnbäumen pure Magie. Ich befuhr Straßen, die sich dem „Grat" des nördlichsten Ostalpenausläufers zwischen Kürnberg und Sonntagberg entlangschlängeln. Immer ostwärts. Und ein paar Wochen später von neuem. Immer wieder. Ebenmaß! Mein Maß! Sie passt zu mir, diese Landschaft. Ich passe zu ihr. Symbiose. Verstehen. Einfühlen. Jede Kopfbewegung, jede Kurve ein neuer, ein anderer Blick von ein und demselben. Beruhigend. Zufriedenheit macht sich breit. Es ist so einfach. Sehen können, sehen wollen. Erfahren im Wortsinn. Sammeln. Aufbewahren. Verstehen, ohne zu denken. Und mit dem Wind verwerfen. In den Wolken wiederfinden. Auch im Regen, im Schnee, im Nebel. Natur, vom Menschen geordnet. Jeder Bauernhof, jede Windpflanzung gemahnt an die Reste eines barocken Gartenensembles. Alles praktischer Zufall. Oder doch nicht? Wer weiß das schon? Auf der einen Seite fällt das Land 400 Höhenmeter ins Donautal hinab und weitet den Blick bis zur Krümmung des Horizonts weit jenseits des Flusses, den man erkennt, weil die Berge hinter den Dunstschleiern anders aussehen. Wie weit ist das? Dort, weiter links, im Westen, Linz! Und dahinter? Flirren in den Augen. Schönheit des Lichts. Auf der anderen, der rechten Seite steigen die Bergketten der Alpen wie Kaskaden in den Himmel. Die endgültige landschaftliche Verführung. Voll Poesie und Mathematik zugleich und den Jahreszeiten als Sehenswürdigkeit.

Wer Lust hat kann tun, was ich gemacht habe. Ich bin immer wieder von meiner Route abgewichen, entlang von Feldwegen oder hin zu dem einen oder anderen Bauernhaus. Entdecken Sie Ihre eigene Traumstraße der Welt.

Evelyn Schlag

DER STREIFEN WALD UM IHRE HÜFTE RUTSCHT SCHON FAST HINUNTER. An einem späten Julitag lassen wir uns in einem gläsernen Ei über das Mostviertel fliegen. Die Felder werden vom scharfen Flugwind gekämmt, an manchen Stellen sind sie räudig wie ein alter Teddybär. Nicht lange und die Donau schimmert aus 400 Metern Höhe unter uns. Geologen wissen, woher der Boden und das Gestein eingewandert sind. Flysch, Riedellandschaft und Schotterfächer verschaffen dem Ganzen einen ordentlichen Untergrund. Doch kaum steigt der große europäische Fluss über die Ufer, lässt er Gemüsebauern und Autohändler zittern. Zum Glück wurden mittlerweile Mauern für den Hochwasserschutz errichtet. Der schöne Name Wallsee gibt uns zu denken. Wir knattern über das stille Grün hinweg in unserem Helikopter, diese Installation könnte ein Stift, jene ein kleines Schloss sein.

Dünn besiedeltes Gebiet, unterbrochen von Ansammlungen von Einfamilienhäusern, sogar Wohnanlagen, die sich die Flanken eines Bergs hinauf ausbreiten. Sie sind uns schon aufgefallen, jetzt werden sie mehr: türkisblaue Flecken, kreisförmig oder rechteckig. Unzählige Swimmingpools. Manchmal bricht sich ein Sonnenstrahl in ihrem Wasser, und wir haben Sorge, der Pilot könnte geblendet werden wie von den neuen halb-militärischen Spielzeugen, als da sind Drohnen und Taser. Aber es passiert nichts, die Reflexionen können uns nichts anhaben, wenigstens das.

Die blauen Rechtecke auf einer Satellitenkarte sind keine Swimmingpools, sondern Erkennungsmarken für die Nummern der Bundesstraße. Eine geheimnisvolle Bezeichnung taucht auf: Dobratal. Wir wollen das nicht auf sich beruhen lassen, Dobra, das könnte auch ein Dorf in Südpolen sein. Wenn wir den Maßstab für unser Dobratal verändern, um uns besser orientieren zu können, vielleicht einen Pfad im Wald zu finden, verlieren wir mit der Genauigkeit den Überblick. Ein voyeuristischer Impuls drängt uns, immer schärfer zu schauen. Endlich wird uns das unheimlich. Wir zoomen uns mit Siebenmeilenstiefeln weiter und finden doch nicht aus dem dunklen Wald heraus.

Überhaupt: Landkarten. Karten aus Papier, verschlissene, so oft gefaltet, dass in den auseinandergebrochenen Falzen ganze Dörfer verschwinden. Mag das für die aussterbenden Landschaften des europäischen Osten stimmen, bei uns geht niemand verloren. Wir brauchen nicht einmal eine Landkarte, möge sie uns auch noch so faszinieren, wenn wir endlich auf den Boden des Mostviertels zurückkehren. Es geht uns um eine Bestandsaufnahme der seelischen Verfassung einer für uns heimischen Landschaft. Für die Mythen sorgen wir selber, sorgt jeder neue Betrachter, wenn er sich einlässt.

Am besten, man fährt, woher man auch anreist, mit geschlossenen Augen bis Kürnberg. Die Aussichtswarte zum Gedenken an die unglückliche Kaiserin Elisabeth lassen wir wohlweislich hinter der Anhöhe. Hier ist der Zeitpunkt, die Augen zu öffnen und die Reise zu beginnen. Dem Fotografen scheint es nämlich, dass die Landschaft von Nordwesten nach Südosten besser funktioniert als umgekehrt, der Sonntagberg markiert den Endpunkt. Die Straße geht einen weichen Grat entlang des nördlichsten Ostalpenausläufers, es gibt nur ganz wenige Straßenführungen, dafür viele Feldwege. Fast keine Zäune. Und man fährt langsam. Das Voralpenland nimmt Anlauf für den ersten größeren Berg: Im Sommer sehen wir den mächtigen Ötscher im Sonnendunst zittern. Im Winter trägt er seinen weißen Spitzenkragen auf den Schultern und sieht aus wie ein Habsburger, dem der Kopf abhanden gekommen ist.

Man sollte sich dieser Landschaft nicht mit falschen Parametern nähern. Was wir sehen, passt in unsere Wahrnehmung und wird uns als Menschen gerecht. Wir sind weder unterfordert noch überfordert. Nichts Hervorragendes wird uns hier zugemutet, nichts Besonderes, nichts Auffälliges, nichts, das heraussticht, nur Hänge und Hänge, Wiesen, Streifen und Inseln von Wald, wenige Häuser. Kleine Felder, meist Viehwirtschaft, keine leichte Arbeit.

Insignien sucht man vergeblich in diesem Landstrich, aber wir vermissen sie nicht. Es gibt keinen Erkennungseffekt. Große Baukunstwerke und architektonische Sterneträger fehlen, wenn man sich nur den Mut nimmt, sie kleiner werden zu lassen. Wer ein mächtiges Stift sieht, will sofort an einem bedeutenden Ort sein. Beim Näherkommen verlieren wir den Zusammenhang. Hier behaupten selbst die Basilika und das Stift nicht viel, auch wenn sie noch so feierlich von Konzerten und Festtagsmessen ertönen, schlagen sie keinen Krach. Fährt man in bekanntere Landschaften, erwarten einen touristische Höhepunkte. Das, was dazwischen liegt, wird oft vernachlässigt. In unserer Landschaft kann das nicht passieren, wir sind nie „zwischen da und dort" oder „auf dem Weg nach", nichts lenkt uns ab, denn die Landschaft stimmt mit uns überein. Wir er-fahren sie oder sie geht in uns mit. Wir sind ihr immer nah. Wir machen andere Raumerfahrungen, weil sich Entfernungen zwar messen lassen, aber so gut wie nichts bedeuten.

Güterwege führen im Einklang mit dem Willen des Geländes zu den Höfen oder in einen Wald. Ungenau muss die Geometrie sein, dann wird sie schön, alles andere ermüdet den Blick. Die Landschaft ist im besten Sinne unscheinbar, das heißt: sie leuchtet — und verwandelt uns ihr an. Man verliebt sich in sie wie in einen Sommerabend oder einen Wintermorgen. Im Frühling brodelt weißer Blütenschaum zwischen den schwarzen, noch unbelaubten Ästen auf der Stelle. Es sind sehr große Bäume, sehr alte Bäume. 200 000 sollen es sein, aber sie werden weniger. Sie reihen sich in Zeilen auf. Verlässt einer die Reihe, sieht es aus, als melde er sich freiwillig zu einem geheimnisvollen Dienst. Darüber gleich mehr.

Eine unauffällige Landschaft fordert uns zarter auf, ihre Schönheiten zu entdecken, neugierig zu werden, wie sich ein paar Wiesen, Wege und Waldstücke zueinander verhalten. Sie besteht aus ein paar Windrichtungen. Den Kopf ein wenig gedreht — schon geht einem wieder eine andere Sprache ins Ohr. Hier werden unsere Mütter neunzig und mehr, sie lernen ein paar Worte Slowakisch und fragen sich, was die Pflegerinnen mit ihren acht Jahren Russisch in der Schule nun anfangen sollen. Mit wem redest du noch, Danka?

Was hat es auf sich mit dieser Ästhetik der Unaufgeregtheit? Woraus entsteht die Harmonie? Keiner hat das geplant, aber es ist durch und durch eine Kulturlandschaft, ein Landschaftspark. Wäre Beruhigung eine Kategorie? Wir nehmen Unspektakuläres in uns auf und sind erfüllt. Wir sehen bei der Heumahd, wie die Landschaft von links nach rechts, von rechts nach links geschrieben wird.

„Auf den Gottlob! vergehenden Winter" schreibt die größte Barockdichterin deutscher Sprache, Catharina Regina von Greiffenberg. Über die Gott-lobende Frühlings-Lust und die fruchtbringende Herbst-Zeit. Die schwärmerische Protestantin lebte mit einem ungeliebten Ehemann in erzwungener Einsamkeit auf ihrem Schloss Seisenegg, umgeben von katholischen Spionen, weil sie so unvernünftig war, den habsburgischen Kaiser Leopold I. — nun ja, nicht zu köpfen, aber immerhin mit ihrer Dichtung bekehren zu wollen. Es gab zwar den protestantischen Dichterzirkel beim Baron Stubenberg auf der Schallaburg und den Kreis der dichtenden Ister-Nymphen, zu denen Catharina Regina gehörte — in ihrer unmittelbaren Umgebung fehlte ihr jedoch „das endlos erneuerbare Gespräch". Dafür war Gott zuständig, ein Gesprächspartner, der sich in allem Sichtbaren der Schöpfung verbarg und Botschaften hinterließ. Man musste sie nur zu entziffern wissen.

In der „Elften Betrachtung des Allerheiligsten Lebens Jesu" ergeht sich Catharina Regina in einem Irr-Gedicht über die Baumblüte — die blühenden Apfel- und Birnbäume des Mostviertels. Wie immer stellt sie sich angesichts der Naturwunder die Frage, wie sich Gott darin manifestiere, auf welches Unsichtbare das Sichtbare verweise: „Wie stellest du durch diese zarte Flor/ Die Stärcke deiner Allmacht vor?" — Es ist ein Spiel, das sie ewig spielen kann, ohne dass es ihr je langweilig wird. Sie baut „Gedächtnus-Örter" in die Blüten der Bäume. Alles erinnert sie, vergewissert sie der Präsenz ihres Gottes, ihres Angebeteten.

Die Landschaft hat ihre eigenen Sinnesorgane, mit denen sie die Wetter und Gewitter spürt, die kühlen Morgen, an denen der Fotograf sein Zeug aus dem Auto packt und beginnt, sie zu betrachten, sie abzulichten, Licht gegen Licht, bis zum späten Vormittag, wenn er sie wieder in Ruhe lässt und sie sich ganz der Sonne hingeben kann, ungestört und unbeobachtet. Man kann sie reden hören. Sie erzählt, was sie bewegt und wie sich das anfühlt, Wind in den Getreidehalmen im Feld, wie sie da zum Tier wird, Feld und Fell, und sich wohltun lässt. Der Streifen Wald um ihre Hüfte rutscht schon fast hinunter.

Kann es sein, dass das, was wir in und mit dieser Landschaft spüren, schon vor mehr als dreihundert Jahren ähnliche Empfindungen ausgelöst hat? Eine Zeitreise in die Sensationen der Seele, zu Standbildern aus dem Innenleben, wie geht einem etwas ans Herz, zu Herzen, oder die Anspannung, wenn man etwas schon kaum mehr erwarten kann, eine Steigerung der Sehnsucht bis zum Äußersten — genau das kann uns die Barockdichterin Catharina Regina von Greiffenberg empfinden lassen. Von ihr führt eine sekundenschnelle Verbindung in unsere Herzen und unseren Körper.

Die Auflösung der Grenze von Seele und Körper, die Ein-Verleibung oder die All-Beseelung als Schreibprogramm? Und wenn der Körper als Himmel gedacht wird? Bei der Greiffenberg heißt das so: „Die schönste Kunst im Schreiben / ist unvermerkt der Erd den Himmel einverleiben."

Das Konzept der Beseelung lässt sich auch auf das Gehen und die Art der Wahrnehmung in einer Landschaft anwenden. Dann träumt unsere Landschaft die Täler und Senken, versinkt in ihre Gestalt. Wenn sie den Kopf zurücklegt, spürt sie den Wind auf ihrem ausgesetzten Gesicht. Sie haben richtig gelesen. Die Landschaft legt den Kopf zurück, ihr Gesicht ist ausgesetzt. Die Landschaft kommt uns überall entgegen, wie ein geliebter Mensch, mit dem wir in Gedanken reden. Unaufdringlich will sie gesehen werden, eine weiche, weibliche Gestalt, am liebsten in halben Nebeln, im Gegenlicht. Dämmerzustände, in denen wir ihre Schönheit erkennen.

Nichts, was störend und aufdringlich sich behauptet, haben wir als Charakteristikum festgestellt. Großes Theater hingegen sehr wohl, auch wenn es bloß ein paar Minuten dauerte. Nur wenige Zuschauer fanden sich ein auf der weiten Wiese am Kamm unserer Route, im Zentrum unserer Landschaft, wo nach allen Richtungen nichts den Blick verstellt. Bei der Sonnenfinsternis im August 1999 zog der große Schatten über das gesamte Panorama. Ein dunkles Nicht-Licht erfasste Hügel für Hügel, Wiese für Wiese. Wo sich die Hügel im Westen flach verschnitten, begann die Finsternis hereinzurollen. Während diese Hügel schon im Dunkeln lagen, stand die Basilika noch im Licht. Es ging rasch. Der Himmel färbte sich in ein dunkles Grau, als habe er sich verletzt und als sauge sich sein dunkles, graues Blut ins ganze Tuch. Es wurde kalt, Wind setzte ein. Eine Szene wie aus dem Religionsbuch in der Volksschule, nicht die Hochzeit zu Kana mit ihren Krügen, nicht der Stall und nicht der See, sondern das Jüngste Gericht mit seinem dunklen Anthrazit, in dem ein blaues Strahlen verlöscht war. Der Bühnenzauber des Planeten tat seine volle Wirkung.

Wie zur Beschwörung zählten wir die Namen der Dörfer und Berge auf. Wir wollten die Landschaft beschützen, weil alle diese friedlichen Horizonte nicht wissen konnten, was ihnen bevorstand. Wir drehten uns mit, sahen, wie die Landschaft sich ergab. Den Vögeln blieb das Lied in der Kehle stecken. In diesen Augenblicken begriffen wir die Wehrlosigkeit unserer Existenz. Ein kalter Hauch wie vom Ende einer Erzählung strich über uns hin. Wer es erlebt hat, weiß um das Warten auf einen Laut aus der Landschaft. Das Aufatmen, als die flächengrünen Kräfte der Landschaft in den Körper fuhren, die Wiesen sich erhellten. Die Vögel sangen ihr Lied weiter, wo sie aufgehört hatten. Als die Sonne tatsächlich wieder kam, fragten wir uns, wie wir das verdient hatten.

Ob das merkwürdige Paar, das alle paar Monate auf einer anderen Wiesenbank sitzt, damals auch einen Vorgeschmack der Apokalypse verspürt hat? Ihre Namen wechseln zwar, einmal heißen sie Rosi und Sepp, ein andermal Lisi und Franz, die Kombinationen werden moderner. Die lebensgroßen Puppen feiern Goldene Hochzeit, so steht es in roten Spraybuchstaben auf einem Streifen Leintuch, der über dem Paar ausgespannt ist. Der Fünfer kann sich mit Mühe halten, er hat schon eins über den Durst getrunken und ist in Gefahr, auf Sepps Nase hinunterzurutschen. Als Köpfe hat man ihnen gefüllte Polsterüberzüge gegeben, weiß mit aufgemalten roten Wangen und einem Mund mit groben Zähnen, die Ohren und die Nase abgebundene Knollen.

Die Frau trägt ein Kopftuch, das unter dem Kinn geknotet ist. Ein Buschen blonder Dauerwellen quillt über der Stirn hervor. Rosis Mund ist sehr groß und rot. Man kann sagen, dass sie unbändig grinst, es muss ihr ziemlich gut gehen. Oder sie nimmt alles nicht mehr so ernst wie früher. Der glückliche Hochzeiter steckt in einem grauen Trachtenanzug und hat ein rosa Tuch um den Hals gebunden. In der Hand ein Bierglas mit echtem Bier. Fliegen umschwirren das Glas. Er lehnt sich steif von seiner Frau im Trachtenkleid weg. Soll das etwa heißen, dass er mit ihr eigentlich nichts zu tun haben will? Sie ist dadurch nicht aus der Ruhe zu bringen, gelassen hat sie ihre Hände im Schoß auf der hellblauen Schürze liegen. Ihre Beine müssen dicke weiße Strickstrümpfe aushalten und reichen nicht bis zum Boden. Ein Bein steht weg, vielleicht wird sie damit wippen und dann bewegt sich das Bild doch weiter. Um diese Zeit geht sie immer in den Stall.

In ihrer Starre, in diesem festgenähten Augenblick zeigen sie an, was diese langen fünfzig Jahre bedeuten. Fünfzig Jahre und kein Zanken, Lieb und Treue ohne Wanken? Wirklich? Wir sind unzertrennlich, bis einer stirbt. Im ewigen Leben werden wir wieder vereint. Uns wird man einmal wegtragen müssen, euch aber auch. Runde Geburtstage, bei denen man allein auf einer Bank sitzt, sind einfacher. Da ist man dreißig oder vierzig und stellt noch ein richtiges Mannsbild dar. Das größte Glück aber bedeutet es, wenn man einen Storch vors Haus stellen kann, der in seinem Schnabel ein Bündel Baby trägt.

Historiker erzählen uns, was sich über die Jahrhunderte und an ausgesuchten einzelnen Tagen zugetragen hat. Nicht wichtig. Eine Urkunde bekundet die erstmalige Erwähnung des Namens Österreich für das ganze Land, andere bezeugen Auszeichnungen in der Landwirtschaft und würdigen berühmt gewordene Talente in Gesang und Orchester. Musikkapellen und katholische Kapellen. Schöpfungen und Jahreszeiten, Heiden und Haydn. In Wahrheit braucht die Landschaft keine wissenschaftliche, historische oder kulturelle Beglaubigung.

Ein schöner Gedanke wäre: Es gibt weiterhin Presshäuser für Birnen und Getreidekästen, und dazwischen laufen die Ziegen mit ihren aufgeschabten Knien. Heilige Ecken in den kalten Eingängen der Gasthöfe und sepiafarbene Aufnahmen der Vorfahren, die zu ihrer Zeit junge Ehepaare waren, auch wenn sie uns heute wie immer schon alt gewesen anmuten. Schwindlig vor all dem Panorama, das uns umgibt, finden wir uns bereit, jemandem in die Arme zu fallen.

Visuelle Gedichte und lyrische Bilder

Die Wolken arbeiten an deinem Aquarell,
ziehen einen Schatten über deinen Rücken.

Der Jahrestag kommt zurück
und sieht uns in die Augen.

Die Rückseite der Erhebung,
der Streifen Wald um ihre Hüfte rutscht
schon fast hinunter.

Was ist los? Vermummte Wälder,
als befänden wir uns schon in der Schneezeit.
Ich sehe doch, dass etwas nicht stimmt.
Migräne vom Föhn?
Es ist aber weit und breit kein Föhn zu sehen.
Schweigen wieder einmal.
Dabei hätte ich dir heute so gern lauter lose Dinge gesagt.
Dass die Hühner ausgeflattert waren und einen dementen Fuchs verjagten.
Dass auf zwölf Höfen die Bettwäsche aus den Trockenmaschinen
herausstieg und auf die Wäscheleinen kletterte.
Dass der schlechtesten Blasmusik von allen die Noten auswanderten,
weil sie genug hatten von der Trachtenmusik.
Regt sich etwas? Lacht da jemand?

Heute morgen gegen vier
hörte ich einen Hund bellen. Lange.
Niemand wies ihn zurecht, sagst du.
Vielleicht hat er in jemandes Traum
gebellt.

Du öffnest deine Arme weit, legst den Kopf
in den Nacken und sagst: behalte deine kleinen
Worte, sie tragen ja doch keine Flügel, nur
mein Atem schwingt ins Grenzenlose, auf dem
kannst du singen, wenn du willst.

Das Stift war ganz benommen von barocken Düften,
ist im Schlaf den Hang hinuntergerumpelt.
Bei der Kreuzung wurde es frühmorgens
mit dem Lasso des Rosenkranzes wieder eingefangen.
Man wird es an die Leine nehmen müssen.

Da unten schimmert der grüne Fluss wie ein Lied.

Über acht meiner zehn Fingerspitzen
darf ich nichts zu Protokoll geben,
das steht unter sichtbarem Verschluss,
nur so viel: ich greife in die Dornen,
die Himbeeren, die Brombeeren, die Disteln
und Dreitagesbärte.

Du entführst gern Engel,
packst sie unter ihrer Brust,
hebst sie an deine Seite und
hollodaro! Ab in die Wälder!

Niemand schwimmt so leise
durch die Nacht.

Du träumst von gähnenden Katzen und den Kindern in der Sonne.

In der äußersten Tiefe der Bühne
schlägt der Regenbogen sein Rad.

Hierher gehört ein Vierkanthof, genau an diesen Platz. Der Wald ist nur dazu da, dass die Straße verschwinden kann. Paar kürzere blühende Alleen mit einem wackeligen Lineal gezogen, und weiter hinten zur Abwechslung ein seltenes Feld oder Fell.

An die Sterne der Nacht:
spannt eure Figuren aus.
Ich kenne euch besser
als ihr euch selbst.
Ich habe euch länger
zugesehen, als ihr weit
zählen könnt.

Auf Armlänge – und ein Blick
in verschwimmende Augen.
Auf Armlänge – und heiße Wange
an heißer Wange. Tanz – und Distanz.

Dort träumst du dich als liegende Schöne,
hebst und ebnest deinen Horizont,
wie es dir gefällt. Du winkelst ein Bein an —
keine Andere hat solch ein sanftes Knie.
In Zeitlupe streckst du dein Bein wieder aus,
bis es aufliegt. Dein Fuß wippt auf und ab.
Lange trauen wir unseren Augen. Dann
beginnt dein Arm ein Rad über die Schulter
zu schlagen, bleibt auf halbem Weg stehen.
Bleib so, mit diesem Achselschatten.
Wirst du so einschlafen können?

Wenn dir danach ist, treibst du uns
vom Frühling in den Winter, vom April
in den Januar. Das können wir auch.
Wir ziehen einander Handschuhe an und
legen weißgraue Fotos hinter die zartgrünen.
Es ergeben sich ganz neue Beziehungen.

Zum Schnee? Zur Neige?

Wir reden Tacheles. Wir reden Unsinn.
Wir reden langsam drauf los und verirren uns
auf dem Weg hinunter ins Tal. Wir reden
aneinander vorbei direkt in dein Ohr.
Wir schwören dir in Fragezeichen unsere Treue.
Wir reden den lieben Hang lang und niemand
setzt uns einen doppelten Punkt. Wir reden einander
ins blaue Gewissen und öffnen zwei Fenster.
Wir reden uns um Kopf und Knopf alles nur. Alles nur.
Alles nur, damit du uns nicht langweilig findest.
Verstehst du?

Der Scheitel. Dein ganzer rundumlaufender Scheitel,
der die Mähne teilt. Wenn dein Fell zuckt, bemühen wir uns,
nicht in das eine oder andere Tal hinunterzufallen.
Zum Glück schüttelst du uns nicht ab, und wir sind ja von allem
Schwindel befreit. Wir traben auf deinem Rücken dahin, den Weg
gibst du vor, er ist in dir. Schaukelnd halten wir unsere Bilder fest.

Kaum bemerken wir, dass unsere Gesichter sich röten,
unsere eigenen Flanken auf der Nordseite kühler werden.
Für dich ist das alles peanuts. Noch nie hast du dich erkältet.
Zum Schluss galoppierst du mit den Galapagosinseln
um die Wette mit uns. Heilige Mutter der Stuten,
ist das eine Belustigung. Über Farben reden wir später.

Siehst du die grüne Wand dort am Stall?
Wilder Wein bis zum Dach, der sich bewegt,
der Wind läuft darin mit flinken Füßchen:
was gibt es, was tut sich um die Ecke?
Kein einziges Blatt kann entwischen.

Diese Wege habe ich nie verstanden.
Sie legen sich mir lose um den Nacken
und knöpfen sich bei ein paar Häusern zu.
Sind das Geschenke, die man mir macht?
Ich lasse es einfach geschehen,
damit bin ich am besten gefahren.
Diese Orte — sagen mir nichts.
Sie stören mich nicht.
Ich sehe sie von oben herab an
und verliere sie aus den Augen.
Meine Perlschnüre blitzen und
funkeln an manchen Stellen.
Überhaupt: Namen. Kannst du mir sagen,
wozu Namen gut sind? — Kann ich dir
nicht sagen. Du bist so lose und dicht,
dass sie dich nicht kümmern.
Du bist selbst vor Ort überall.
Zwei Fußgänger sind auf diesem Grat unterwegs
und verlieren die Besinnung über dich,
was sollen da Namen.
Es ist egal, wo sie verrückt werden.

Eines Morgens waren sie da.

Die schönste Landschaft der Welt 93

Von weitem könnte man meinen, du trügest
eine Nebelschärpe über der Schulter.
Verrutscht sie? Bist du so eine?

Wiesenstille und glückliche Überfahrt.

Gefällt dir das? fragen wir. Der Lichtschaft
durch das schmale Waldstück, als gleiße
ein Wasserfall in der untergehenden Sonne,
oder ein Sonnenfall zwischen Arm und Körper?
Oder die beglückte Scham eines großen Naturwesens?

Wege kreuzen sich, wohin soll es gehen?
Mit Namen hast du es ja nicht.
Wenn es dir gefällt, pfeifst du den Wind herbei,
der verdreht die Schilder, und uns verdreht er
den Kopf. Erstmals schauen wir einander
wirklich in die Augen. Eine Schlucht,
in der die Holunderbäume blühen, aber warte
auf den dunklen Saft, der im August
über die Wangen läuft.

Der Frühling tanzt dir ganz schön
auf der Nase herum. Du sollst glauben,
es ist noch der sorgfältig rieselnde Schnee,
der dich niesen macht.

Schatten spielen mit dem Licht,
seilen sich den Hang hinunter ab,
um die verborgenen Schätze
der Nacht aufzusuchen.
Gleich landen sie in einem Sonnenpool
und schütteln sich im hilfreichen Wind.

Wir blicken geradeaus,
aber unsere Gedanken
berühren einander immer wieder.
Etwas schläft an diesem Platz.

Manchmal kann ich mir selbst nicht trauen, sagst du. Ist das ein künstlich hergestelltes Glücksgefühl oder bin das wirklich ich? Schöpfe ich so aus dem Vollen, und wer gab mir diese kaum zu bändigende Lust?

Wir hören dich über eine gewisse Maria Theresia
reden und ein Dekret: Anpflanzung von Streuobstbäumen
entlang der Straßen in der Monarchie.

Wäre wohl auch gern eine Mostbaronin gewesen
und nachts durch die weißen Alleen getanzt.
Hätte von goldenen Hauben und anderen Behauptungen
fabuliert anstatt von.

Du lässt dir den Rücken fächeln
von dem Windflügel, dem Flegel.
In Zeit gemessen ist er zu jung.
Was für Energie der bringt!
Zurückhaltung ist seine Sache nicht.
Und nachts blinkt er dir auch noch zu.

Im Gänsemarsch
die Wiese hinauf.
Die Straße hinunter
im Gänsemarsch.

Dir geschieht die Sonne mit ihren Finsternissen der Seele.
Dir geschieht der Mond mit seinen über die Dächer
spazierenden Männern und der fünf Türen öffnenden Frau.
Am fünften Tor schreckt sie ins Erwachen. Etwas fehlt
in ihrem Leben. Du weißt, dass sie als Mädchen
zwei weitere Türen bis zur Stalltür ging.

Insomnia weißer Kontinent des Morgens.
Die Landmasse schwimmender Zeit.

Weil es erneut
der richtige
Mr. Wrong ist.

In der Verwandlung festigt sich
jeden Morgen deine Identität.
Die überträgst du dann auf uns,
genau wie die Dichtung das tut.

Schwerelos weil du dir hier
den Himmel einverleibst.

Der Schneesturm ist über dich gekommen.
In langen Leinwänden schiebt er sich
über die Hügel. Ständig werden Bühnenbilder
für deine Lieblingsdramen ausgewechselt
und alles in Weiß. Wälder gehen ein Stück weit mit
oder es bricht ihnen den Stamm. Die Gehöfte laufen
dir davon, stolpern über die entwurzelten Obstbäume.

Es gibt keine Zufahrten mehr, die Fahrzeuge stecken
bis zur Stirn im Winter. Wir haben Angst, die unerzählte
Geschichte triebe an uns vorüber und wir könnten sie
nicht mehr zu fassen kriegen.

Wir wissen nie, wie viele Plätze du versteckt hältst.
Du bist solch eine Geheimnistuerin.
Ein paar Schritte um einen dichten Zaun, hohes dunkles Grün.
Adventkranzfutter. Das kleine Gatter gab sofort nach.
Wir fielen ins Paradies, so hoch stand das Gras.
Bleiche Trophäen an einer Wand im Hof.
Wir hörten ein Lachen, das von nirgendwoher kam.
Dort vorn eine Bank, und plötzlich warst du überall.
Weit und breit. Niemand konnte uns sehen,
während wir dich betrachteten.
Manchmal ertrugen wir deine Natur eine Minute lang nicht mehr,
legten unsere Blicke auf unsere Hände, unsere Knie.

Dort hinten tragen die Gipfel dich
auf Händen.

Brauche absolut nichts Neues, flüsterst du.
Keine großen Gesten, die es noch nirgends
gab. Nur die alten, Jahre alten Blicke, die
möchte ich nicht missen. Meine dunkle Gestalt
hat sich an alles gewöhnt.

Bloß kein Abendzauber, kein bemalter Name.
Dein Begleiter redet dir ums Gesicht.

Nebelmeer weit hinaus.
Man sieht nur die Berge einer anderen Küste.
Aus dem Meer dringen die Stallgeräusche
der untergegangenen Gehöfte.
Zwei Hähne rufen einander zu.

Dreitagesfrost. Natürlich fällt man darauf herein.
Wärst du ein Mann, würde ich sofort schwach
in den Augenlidern und der Kehle. Kniekehlen geschenkt.
Die Wolfszähnchen und deine grauweißen Schultern.
Wie du dem Wind nachgegeben hast und dann die Starre.
In kalter Schönheit erstarrt, was sonst.

Bin gespannt, wie lange du es aushältst, ehe du vor
deiner eigenen Verführungskunst in Schmelze gehst.
Dein groteskes Gesicht mit dem aufgestachelten Blick.
Eiswindstöhnen aber so schön.
Jetzt fängt es zu schneien an und deine Wimpern werden feucht.
Lass mich unter deinen Schnee.

Nun blühen uns wieder die
Obstbäume um beide Ohren!

Bei einer Tanzerei schaut er der Braut
des Freundes in die Augen.
Er stiehlt Isolde alle Ruhe überm Dach.
Nachts hängt die Schönheit ihres
Gesichts am Himmel.

Diese Fingerzeige verschweigen
ihre Botschaft. Wir können nur raten,
was du uns ans Herz legen willst:
ein Leben, das nicht mehr lügt?
Die Hoffnung auf ein Wiedersehen?

Wir waren betrunken
und die Bäume auch.

Bis zu den Kniekehlen
stehst du im Nebel.

Da wollte jemand den schläfrigen Herbstmorgen nützen und dir eine Grenze setzen. Nicht mit mir, sagst du. Hände weg. Für solche Zumutungen hast du nicht die geringste Geduld.

Eine Freundin ist nicht mehr.
Du zuckst mit den Hügeln und schließt die Lider.
Manchmal finde ich deinen Gleichmut unerträglich.
Seit tausenden Jahren drückst du auf die Gräber
und es kümmert dich nicht.
Ich schicke dir alle meine Gestorbenen
und du gibst sie mir lebendig wieder zurück.
Unversehrt und mit ihrer geliebten Stimme,
die ich schon vergessen habe.

Mit den Gedanken bist du weit in der Ferne, in deinen jungen Jahren, als dir die Glieder noch lange nicht unter der herrlichen Last schmerzten.

Wir springen in den Vogelzug,
schreiben den Himmel um.

Liebe Landschaft
(wenn ich das sagen darf).
Dear landscape
(if I may say so).

Jeden Morgen
ziehen wir
die nassen
Blätter
vom Auto.

Die schönste Landschaft der Welt 195

Den Spinnennetzen macht ein
Lichtgewitter nichts aus.
Nimm eins wie's andere: die Spinnen
bleiben länger als der Regen.
Auf den frisch gewaschenen Seilen
turnen sie wie Akrobaten.

Du spielst Verstecken in den Streifen.
Welche Fahne schwingst du hier – dunkles
Waldgrün, ein Potpourri von Baumkronen,
mittendrin von Föhrenzapfen gesprenkelt,
am Grund die zartweiße Blühpracht?
Willst du uns einladen oder vertreiben?
Sollen wir zurück in die Häuser und Höfe?
An welchen Adressen geht auf den großen
Toren eine starkblättrige Sonne auf?

Du hast zur Feier geladen. Was feierst du?
Die Baumkronen öffnen ihre Türen und wir
dürfen eintreten. Wir bekommen Gästeflügel.
Nein, Angst haben wir keine. Es gibt Dinge,
die kann man beim ersten Mal. Fliegen gehört
ganz klar dazu. Warum haben wir das nicht
schon viel früher probiert? Jetzt umarmen
wir die ganze Welt.

Unten tanzt die Jugend.

Schön? Schön soll ich sein? Wer behauptet das? Und was bedeutet es? – Es bedeutet nichts, beruhige ich dich. Kümmere dich nicht darum. – Ist es mein Angesicht? Ich habe doch keins. – Nein, sage ich, du hast kein Angesicht oder viele, es kommt auf dasselbe hinaus. – Schön, sagst du leise. Heißt es, dass ich nach dem Heu dufte, bin ich dann schön? – Nein, dann duftest du nur nach Heu und bist gar nichts dazu. – Oder wenn ich die Krokusse zulasse, diese nächtige Befleckung? – Nein, das ist nur diese nächtige Überraschung am Tage, wenn alle stehenbleiben und aus ihren Fahrzeugen steigen und den Kopf schütteln. Da ist nichts weiter dran. – Schön bin ich also nie. – Nein, sage ich, nur immer, und damit ist es egal, wie das ist.

Die Tierchen darin spürtest du gar nicht,
kein Zucken entlockten sie dir. Jetzt müsste
der Wind kommen, den du bestellt hast.

Und die harten Sprüche, die wie Brieftauben beringten Girlies, der falsche Schweiß der Verheißung? Der ständig getippte Status quo — bin jetzt mit Walli am Kreisverkehr bei den deutschfarbenen Birnen, alle Richtungen zeigen auf Null. Um fünf zurück in die Kaserne. Bin völlig. Auf einer Bierkiste stehen mit einem Mikro in der Hand. Sie haben schwarze, alle dieselbe schwarze. Schwarze. Krähe um die Augen gemalt. Oder so. Oder im Stehen. Weiß nicht.
Bin völlig. K.o.

Vier junge Burschen. Ein Führerschein seit zwei Wochen. Die Nacht ist volljährig und hämmert um die Kurven. Beine aus den Fenstern. Noch eine Zigarette und alles steht in Flammen. Noch nicht.

Kurven ausgebügelt den Berg hinauf. Am Himmel tanzen Bremslichter, die holen wir uns. Die lange Gerade kommt: das ist wie fliegen. Ortsschild um ein Promille verfehlt. Das geht noch besser. Oida.

Im Querschnitt steht der Tacho auf 150. Alles Automatik Fenster rauf und runter braucht der seine Füße?

Weit übers Ziel bis in die Bäume. Splittern Knall das Feuer blitzschnell zur Stelle. Heute hast du so eine helle Stimme, Mama.

Ein heißer Sommer wie nie, knapp vor dem Zerbrechen. Du sprichst mit rissigen Lippen zu uns. Ein Reh verstaucht sich den Knöchel, so hart sind die Traktorspuren, über die es flüchten muss. Aber beim Motocross wird gegossen.

Du seist überall dort, von wo aus
man die Basilika sehen könne.
Das Bauklötzchen. Gehört es dir nun
oder nicht? Nachts, wenn es keiner sieht,
greifst du manchmal danach,
setzt es in deine Handschale,
ein Vögelchen, das nicht wegfliegt.
Die Herzen der Gläubigen,
die Schwüre, die vielen Segnungen
schlagen leise in deiner Hand.

Aufblinken der Stallfenster. Langes Neon
wie Frühnachtbläue oder Fernsehen.
Das Surren der Maschinen.
Manchmal gähnen die Kühe.
Die Schafe beginnen schon zu zählen.
Wie vertreibst du dir eigentlich den Abend?
Falsch. Du vertreibst ihn ja nicht.
Du nimmst ihn mit offenen Armen wie alles,
was geschieht. Abend.
DVDs vom Tourismusverband.

Auf keinen Fall werden wir dein
Geheimnis verraten. Du kannst uns
vertrauen, wissen wir doch selbst
um solche Angelegenheiten des Herzens.
Wie schrieb er dir?
„Ihre Obstbaumblüte et cetera,
Sie streuen Rätsel, Madame."

Wir legen den Kopf in den Nacken.
Vereinzelt tasten Tropfen unsere Gesichter ab,
springen zwischen unseren Köpfen hin und her.
Wir halten stand, auch als das ein richtiger Regen wird
und es von fremden Geschichten nur so über
unsere Wangen läuft. Erst vergessen wir, wer *wir* sind,
dann, wer *du* bist. Nur starker Regen.
Das nasse Gewand an unseren Körpern.
Nur die Gewissheit, dass du es gern zum Äußersten
kommen lassen möchtest, Hagel, und danach
die kleinen Verletzungen zählen.

Hüllst dich in Schweigen oder in Licht.
Machst dich bereit für eine Reise in die Köpfe
der Unbekannten.
Gibst einen Weg preis, der nach langer Zeit
in einer kleinen Sakristei enden wird, wo die Gebete
wie Fledermäuse hinter dem Altar hängen.

Sie halfen einander.
Sie gerieten nicht in Panik.
Nun leg auch du dich zur Ruh.

Die schönste Landschaft der Welt 243

Von der Kaiserin Elisabeth Warte am Plattenberg zur Basilika am Sonntagberg

KM	
00,0	Start beim Plattenwirt, Plattenberg 18
00,8	links Ri Seitenstetten, St. Peter/Au
01,3	rechts Kürnberg Nr. 201-229, Güterweg Roadl
04,3	links Urltal, Monument
05,3	geradeaus Url-Dobratal
07,3	links Url-Dobratal
10,6	links Ri St. Peter/Au (bei Gff Leitner)
16,0	rechts Ri St. Michael/Bruckbach
18,6	geradeaus unterhalb Kiche St. Michael
19,1	geradeaus Mosthöhenstraße
23,9	geradeaus – optional links zur Aussichtswarte Voralpenblick (0,6 km)
24,7	geradeaus
28,3	rechts Seitenstettner Straße 61-1 (nicht beschildert: Ri Waidhofen/Ybbs)
32,5	geradeaus vorbei an Ortstafel Böhlerwerk
33,5	in Böhlerwerk rechts auf B 121 Ri Waidhofen/Ybbs
36,9	bei der Ampel vor Schloss und Stadtpfarrkirche links Ri St. Leonhard am Walde
37,1	links Ri St. Leonhard am Walde (vor dem Parkhaus) auf Urltalstraße
39,8	links bergauf Ri St. Leonhard am Walde, Windhag auf Sankt Leonharder Straße
43,4	geradeaus – optional rechts St. Ägyder Straße 1-13 (St. Aegyd 1,3 km)
46,4	geradeaus vorbei an Ortstafel St. Leonhard am Walde
46,5	in St. Leonhard links auf Panoramahöhenweg zum Sonntagberg
56,3	Basilika Sonntagberg

KOLOPHON

Gefördert durch das Land Niederösterreich

Idee **Lois Lammerhuber**

Fotografie **Lois Lammerhuber**; Seite 16 **Evelyn Schlag**

Text **Evelyn Schlag**
Lektorat **Brigitte Scott**

Art director **Lois Lammerhuber**
Grafik **Martin Ackerl, Lois Lammerhuber**
Kartografie **Wolfgang Thummerer**
Schriftart **LAMMERHUBER** von **Titus Nemeth**
Bildbearbeitung **Birgit Hofbauer**
Projektkoordination **Johanna Reithmayer**

Druck und Bindung **Gorenjski tisk storitve, Kranj, Slowenien**
Papier **LuxoArt Samt new 170 g/m²**

Managing director EDITION LAMMERHUBER **Silvia Lammerhuber**
EDITION LAMMERHUBER
Dumbagasse 9, 2500 Baden, Austria
edition.lammerhuber.at

Die fruchtbare Zusammenarbeit von Evelyn Schlag und Lois Lammerhuber wäre ohne die Initiative von Wolfgang Sobotka nicht zustande gekommen. Danke schön.

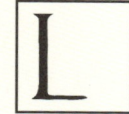 Edition Lammerhuber

Copyright 2016 by **EDITION LAMMERHUBER**
ISBN 978-3-903101-21-0

Erstmals erschienen 2016 in der Edition Lammerhuber

Alle Rechte, auch die des auszugsweisen Abdrucks oder der Reproduktion einer Abbildung, sind vorbehalten. Das Werk einschließlich all seiner Teile ist urheberrechtlich geschützt. Jede Verwertung ohne Zustimmung des Verlages und der Autoren ist unzulässig.